À Florian, Anaëlle, Malo, et Nora.
A.R.

Illustrations de Pierre Bailly, Bertrand Bataille, Laura Bour, Céline Bour-Chollet, Aline Bureau, Jean-Marc Denglos, Irène Schoch, Elene Usdin.
Couverture illustrée par Bertrand Bataille.

Lito

www.editionslito.com

41, rue de Verdun 94500 Champigny-sur-Marne
Imprimé en UE
Loi n° 49-956 du 16 juillet 1949 sur les publications destinées à la jeunesse
Dépôt légal : juillet 2009

CONTES
De tous les Pays

Editions Lito

ISBN 978-2-244-45116-9

CONTES
De tous les Pays

Racontés par Ann Rocard

La bague enchantée

Algérie

Il était une fois un tisserand très malheureux car sa femme était méchante. Il se réfugiait souvent dans une caverne pour pleurer. Un jour, un génie mécontent se dressa devant lui et dit :

– Je suis le génie de la caverne. Tes sanglots me dérangent. Que dois-je faire pour qu'ils s'arrêtent ?

– J'aimerais m'en aller loin de ma méchante femme, répondit le tisserand.

Aussitôt, il se retrouva dans un pays inconnu. Il marcha longtemps et finit par rencontrer un laboureur qui retournait son champ.

– Salut à toi ! dit le tisserand. Aurais-tu un peu de nourriture à m'offrir ?

– Je vais te chercher du couscous et du lait, proposa le laboureur. Attends-moi ici.

Le laboureur s'éloigna vers sa maison. Le tisserand commença à bêcher à sa place. Soudain, son outil se coinça dans le sol… dans un gros anneau de fer.

Le tisserand dégagea la bêche et se mit à creuser. L'anneau était fixé à une dalle de pierre. Sous la dalle se trouvait un escalier que le tisserand descendit sans hésiter. Il découvrit un immense palais. Au centre d'une pièce, sur un tapis précieux, il y avait un petit coffre renfermant une bague en or.

Le tisserand glissa l'anneau à son doigt. Ah ! Un génie noir apparut :

– Je te salue, ô mon maître. Ordonne et j'exaucerai tes vœux. Que souhaites-tu ?

– J'aimerais que ce palais et les richesses qu'il contient sortent de terre.
Au même instant, ce vœu se réalisa.
Quand le laboureur revint avec son plat de couscous, il crut rêver et se frotta les yeux : un palais brillant se dressait au milieu de son champ. Le tisserand lui raconta ce qui s'était passé en son absence. Alors le laboureur lui donna un conseil :
– Ne parle à personne de cette bague enchantée… On te la volerait.
Les deux hommes partagèrent le couscous.

Puis, grâce aux richesses
qu'il avait découvertes,
le tisserand acheta
pour son nouvel ami
des champs
et des troupeaux,
et il engagea
des domestiques
pour l'aider.
Peu après, le roi du pays
apprit l'existence
de ce palais et il pensa :
« Puisque cet étranger
est très riche, je pourrais
lui donner ma fille
en mariage. »
Le roi rendit visite
au tisserand
et le mariage
fut bientôt célébré.
Tout le monde
se réjouissait, sauf
le vizir, le conseiller
du roi, qui aurait aimé
épouser la princesse.
Il était vert de jalousie
et il jura de se venger.

Pendant ce temps, que devenait la première femme du tisserand ? Elle avait cherché son mari partout, mais en vain. De longues années s'écoulèrent ainsi.

Un jour, elle alla pleurer dans la caverne. Mécontent, le génie de la caverne se dressa devant elle et dit :

– Tes sanglots me dérangent. Que dois-je faire pour qu'ils s'arrêtent ?

– J'aimerais rejoindre mon époux qui a disparu, répondit la femme.

En un clin d'œil, elle se retrouva dans le pays lointain où vivait l'ancien tisserand. Il était le mari de la princesse et le père d'un garçon de douze ans. La méchante femme faillit s'étouffer de rage. Dans la capitale, elle enquêta discrètement et découvrit que le vizir haïssait le tisserand.

Elle alla donc le trouver et lui proposa :

– Démasquons mon mari. Ce n'est qu'un pauvre tisserand. Je suppose que ses richesses proviennent du vol ou de la magie.

– Nous devons d'abord découvrir son secret, dit le vizir.

– D'accord.

La méchante femme se déguisa et se fit embaucher comme servante dans le palais du tisserand. Elle finit par repérer la bague en or qu'il cachait sous son oreiller et elle en parla au vizir.

Le soir suivant, le vizir invita le tisserand à dîner. Il lui servit une boisson magique et le fit parler sans qu'il s'en rende compte.

– Tu veux connaître mon secret ? s'étonna le tisserand, hypnotisé. Je possède une bague enchantée qui exauce tous mes vœux.

Le lendemain matin, le tisserand croisa son fils dans la grande salle du palais et il s'écria :

– Tu portes toujours ta belle épée d'or, mais tu ne t'en sers jamais. Quel dommage !

– Père, bientôt j'accomplirai un exploit et tu seras fier de moi, dit le prince en s'éloignant.

Dans le couloir, le jeune garçon aperçut soudain la fausse servante qui se dirigeait sur la pointe des pieds vers la chambre de son père. Il la suivit discrètement. Quand elle s'empara de la bague, le jeune prince leva son épée et lui trancha la tête.

Le tisserand accourut, horrifié. Il s'agenouilla et reconnut son ancienne femme qui tenait dans sa main la bague en or.

– Merci, mon fils, dit le tisserand. Tu m'as sauvé la vie. Un jour, je t'expliquerai pourquoi.

Désormais, plus rien ne vint troubler la paix du royaume. Quant au vizir, il s'enfuit de l'autre côté de la terre et l'on n'entendit plus jamais parler de lui.

Les cygnes sauvages

Danemark

Dans un lointain pays vivait un roi qui avait onze fils et une fille nommée Élisa.

Le roi, qui était veuf, se remaria avec une méchante reine. Une semaine après le mariage, elle envoya Élisa chez des paysans et elle dit au roi tant de mal de ses fils qu'il ne s'intéressa plus à eux. Alors la méchante reine ordonna :

– Envolez-vous comme de grands oiseaux sans voix !

Les onze frères se transformèrent en onze cygnes sauvages qui quittèrent aussitôt le château.

La petite Élisa vécut pauvrement chez les paysans. Et le temps passa. Elle devint une très belle jeune fille.

Le jour de ses quinze ans, elle retourna au château pour revoir son père et ses frères. Quand la méchante reine la vit si belle, elle faillit s'étrangler de rage. Elle frotta la jeune fille avec du brou de noix, lui mit sur le visage une pommade puante et lui emmêla les cheveux… Le roi épouvanté ne la reconnut pas.

Élisa s'enfuit loin du château. Elle traversa champs et marais, puis entra dans une grande forêt.

Le lendemain, elle s'approcha d'une source, ôta ses vêtements, se baigna dans l'eau claire et redevint la plus belle jeune fille du royaume.

Elle poursuivit sa route et rencontra une vieille femme.

– Auriez-vous vu onze princes ? demanda-t-elle.

– Non, dit la vieille, mais hier j'ai vu onze cygnes portant des couronnes d'or. Ils nageaient sur la mer, tout près d'ici.

Élisa se hâta vers le rivage où elle ramassa onze plumes. Au coucher du soleil, onze cygnes se posèrent près d'elle.

Et quand le soleil disparut, ils se transformèrent en onze princes, ses frères. Élisa poussa un cri et les embrassa.

L'aîné des onze princes expliqua :

– Pendant le jour, nous volons comme des cygnes. La nuit, nous retrouvons notre forme humaine. La méchante reine nous a interdit de passer ici plus de onze jours par an. Après-demain, nous repartirons de l'autre côté de la mer.

– Emmenez-moi, supplia la jeune fille.

Les princes fabriquèrent aussitôt un filet avec de l'écorce et des joncs. Deux jours plus tard, quand le soleil se leva, les onze cygnes prirent, du bout du bec, le filet dans lequel était allongée Élisa, et ils s'envolèrent au-dessus de la mer.

Ils passèrent la première nuit sur un rocher.

La deuxième nuit, les princes et leur sœur dormirent dans une grotte dont les murs étaient couverts de plantes grimpantes. C'est là que vivait la célèbre fée Morgane.

Dans son rêve, Élisa vit la fée s'approcher d'elle et murmurer :

– Tes frères peuvent être sauvés. Regarde l'ortie que je tiens à la main. Elle pousse autour de cette grotte et sur les tombes des cimetières. Tu cueilleras ces orties et tu obtiendras du fil. Tu le tisseras et tu tailleras onze tuniques à longues manches. Tu jetteras ces cottes sur les onze cygnes et le mauvais sort sera annulé. Mais attention, tu ne devras plus dire un mot jusqu'à cet instant… sinon tes frères mourront.

Élisa s'éveilla et se mit au travail. Les orties lui brûlaient les mains et les bras, mais la jeune fille savait comment sauver ses frères.
Le lendemain matin, une tunique était achevée. Les cygnes s'étaient envolés quand un cor de chasse résonna dans les montagnes. Peu après, un grand chien bondit dans la grotte, puis un autre et encore un autre. Des chasseurs les rejoignirent. Le plus beau était le roi du pays ; il demanda à Élisa :

– Comment es-tu venue ici ?

La jeune fille hocha la tête, mais ne répondit pas car la vie de ses frères était en jeu.

– Viens avec moi, dit le roi qui installa Élisa sur son cheval.

Au château, on habilla la jeune fille avec des vêtements royaux, on lui natta les cheveux avec des perles. Elle était si belle que le roi lui proposa de l'épouser sans écouter ce que prétendait l'archevêque :

– Tisser des orties, ce n'est pas normal ! Cette fille des bois est sûrement une sorcière.

Le roi la guida jusqu'à une petite pièce qui ressemblait tout à fait à la grotte où la jeune fille avait été découverte. Par terre se trouvait le sac de fil d'ortie ; et la tunique terminée était suspendue au plafond.

Élisa sourit et embrassa la main du roi. Le soir même, leur mariage fut célébré.

Chaque nuit, Élisa se glissait hors du lit et elle allait tisser des tuniques. Quand elle acheva la sixième cotte, il ne restait plus de fil.

– Je dois aller cueillir des orties au cimetière... décida-t-elle.

La jeune reine sortit sans bruit au clair de lune. Elle cueillit vite une poignée d'orties sur une tombe et rentra au château. Hélas, l'archevêque et le roi l'aperçurent.

– Elle cueille des orties dans un cimetière ! C'est la preuve qu'il s'agit d'une sorcière ! s'exclama l'archevêque. Elle doit périr sur le bûcher.

On conduisit la jeune reine en prison. On lui donna comme oreiller le paquet d'orties qu'elle avait cueillies et comme matelas les tuniques.

Élisa travailla pendant toute la nuit. Au matin, des gardes la firent monter dans une charrette. Les dix cottes se trouvaient à ses pieds et elle finissait la onzième.

Au passage, le peuple l'insultait :

– Au lieu de dire des prières, elle continue sa magie. Arrachez-lui ça des mains !

Au même instant, onze cygnes blancs se posèrent sur la charrette et la foule recula, épouvantée. Quand le bourreau s'approcha, Élisa jeta les onze cottes sur les cygnes qui se transformèrent en princes. Seul le plus jeune avait une aile blanche à la place du bras car il manquait une manche à sa tunique.

– Maintenant, je peux parler ! cria Élisa. Je suis innocente.

L'aîné des onze frères raconta leur étrange histoire et tout le peuple s'inclina devant la reine. Pendant qu'il parlait, les rameaux du bûcher prirent racine ; des milliers de roses rouges fleurirent et répandirent leur parfum dans le royaume. Au sommet du bûcher scintillait une fleur blanche, brillante comme une étoile. Le roi la cueillit et l'offrit à Élisa.

Toutes les cloches se mirent à sonner, des milliers d'oiseaux survolèrent la ville pendant qu'un long cortège regagnait le château : le roi, la reine et les onze princes, suivis de toute la foule qui les acclamait.

La fiancée du crocodile

Côte-d'Ivoire

Il était une fois un homme et une femme qui se désolaient de ne pas avoir d'enfant.

Un matin, la femme puisait de l'eau au bord de la rivière, quand Seigneur Crocodile s'approcha de la rive et demanda :

– Pourquoi pleures-tu si fort ?

– Mon cœur se brise quand je vois un bébé, répondit la femme.

– Je veux bien t'aider, dit Seigneur Crocodile, mais jure d'abord que tu exécuteras mes ordres.

– Je ferai tout ce que vous me direz, promit la femme.

– Va chez toi chercher trois œufs et rapporte-les-moi.

La femme obéit aussitôt. Peu après, elle revint et tendit les œufs. Seigneur Crocodile les prit et dit d'une voix forte :

– Ton enfant naîtra dans neuf lunes. Si c'est un garçon, tu lui apprendras à protéger les crocodiles. Si c'est une fille, elle sera mon épouse quand elle aura grandi.

– Je vous le promets ! s'écria la femme, folle de joie. Merci !

Neuf lunes plus tard, la femme mit au monde une ravissante petite fille. Les années passèrent… Et l'enfant devint une jeune fille si belle et si gentille que tous les hommes de la région rêvaient de l'épouser. C'est pourquoi le père était fort en colère.

– Tu n'aurais jamais dû faire cette promesse au Crocodile, disait-il à sa femme. Je veux que notre enfant soit l'épouse d'un prince, et non d'une horrible bête !

Mais comme il avait peur de Seigneur Crocodile, il enfermait soigneusement sa fille dans la case avant de partir travailler aux champs.

Un jour, Seigneur Crocodile marcha jusqu'à la maison de la jeune fille et cria :

– Ouvrez-moi !

La jeune fille suivit le conseil de son père et ne répondit pas. Mais Seigneur Crocodile gronda avant de partir :

– Je sens que tu es là. Bien avant ta naissance, tes parents ont promis que tu serais ma femme. Demain, je viendrai te chercher.

Quand les parents rentrèrent à la tombée de la nuit, la jeune fille leur raconta en pleurant ce qui s'était passé.

– Je sais ce que je vais faire ! décida le père.

. La bague enchantée . Les cygnes sauvages . La fiancée du crocodile . Le pois chiche de Nikos . Macaque, le petit singe voleur . Vassilissa la belle . Le jeune homme, la Chance et l'Intelligence .

La montagne du diable . L'horrible Bouma . L'oiseau Pivi . Vassilissa la belle . Le poisson arc-en-ciel . Les rayures du tigre . La bague enchantée . Le bon et le méchant . La fiancée du crocodile . Wakontas . Le pois chiche de Nikos . Le poisson arc-en-ciel .

La montagne du diable . L'horrible Bouma . L'oiseau Pivi . Vassilissa la belle . Le poisson arc-en-ciel . Les rayures du tigre . La bague enchantée . Le bon et le méchant . La fiancée du crocodile . Wakontas . Le pois chiche de Nikos . Le poisson arc-en-ciel .

. La bague enchantée . Les cygnes sauvages . La fiancée du crocodile . Wakontas . Le pois chiche de Nikos . Macaque, le petit singe voleur . Poutri Telour . Vassilissa la belle . La belle Jasmina .

Le lendemain matin, il se cacha à l'intérieur de la case bien fermée et il attendit l'arrivée de Seigneur Crocodile. Quand celui-ci approcha, le père lui envoya dans l'œil une flèche empoisonnée. Seigneur Crocodile poussa un grand cri et mourut.

Quelques semaines plus tard, le prince d'un pays voisin, qui avait entendu parler de la belle jeune fille, vint la chercher et l'épousa.

Depuis ce temps-là, les crocodiles ne sont plus les amis des hommes. Quand quelqu'un s'approche de leur rivière, ils ouvrent une large gueule et clac ! ils l'entraînent au fond de l'eau. Voilà ce qui arrive quand on ne tient pas les promesses qu'on a faites à son bienfaiteur !

Wakontas

États-Unis

Au pays des Indiens Algonquins vivaient deux sœurs, Miticoosis et Oménée. Elles étaient aussi belles, intelligentes et habiles l'une que l'autre, mais elles n'avaient pas le même caractère. Oménée était douce, bonne et généreuse. Miticoosis était fière et égoïste.

En ce temps-là, Wakonda, le Grand Esprit, vivait avec ses fils dans la région des Grands Lacs. Ces dieux, bons et justes, pouvaient prendre la forme qu'ils désiraient.

Wakontas, l'un des fils du Grand Esprit, voulait épouser une jeune fille des tribus indiennes de la région. Il se transforma donc en chasseur, prit son arc et son carquois, et se mit en route.

C'est ainsi qu'il arriva au village des deux sœurs. Elles étaient si belles qu'il en tomba aussitôt amoureux.

« Laquelle choisir ? » se demandait Wakontas. Et il décida de mettre leur bonté à l'épreuve.

Il demanda la main d'une des deux jeunes filles, sans préciser laquelle, en remettant à leur père la dot demandée : des peaux de

renne, des peaux de buffle et un cheval. Puis il partit chasser avec d'autres chasseurs.

Quelques jours plus tard, un vieil Indien arriva au village. Il avait l'air pauvre et malade. Il s'arrêta devant l'entrée du wigwam où les deux sœurs étaient en train de tisser et de broder.

– Aidez-moi, supplia le vieil homme.

– Va-t'en ! cria Miticoosis en lui jetant une pierre. Les vieux n'ont rien à faire sur terre ; ils devraient mourir et nous laisser tranquilles.

– Excusez ma sœur, dit Oménée. Entrez dans notre wigwam. Allongez-vous sur ces peaux de bête et reposez-vous.

Miticoosis continuait d'insulter le pauvre vieillard. Oménée essaya en vain de la faire taire, puis elle offrit au vieil homme à boire et à

manger. Et comme ses chaussures n'avaient plus de semelles, elle lui donna aussi les mocassins rouges qu'elle venait de broder.

Après s'être reposé, le vieil Indien remercia Oménée et il quitta le village.

– Revenez me voir, dit la jeune fille. Que vous soyez malade, affamé ou malheureux, vous trouverez ici un abri.

– Tu es ridicule ! ricana Miticoosis.

Les chasseurs devaient revenir le soir même. Tandis que Miticoosis se faisait belle pour plaire à Wakontas, Oménée, vêtue simplement, préparait le repas pour ses parents.

Enfin, les chasseurs arrivèrent. Wakontas se dirigea vers le wigwam des deux sœurs, fort surprises… car il portait aux pieds les mocassins rouges donnés au vieillard.

Il salua Oménée et dit :

– Quand je suis venu sous les traits d'un vieil homme pauvre et malade, tu m'as accueilli et tu t'es occupée de moi. J'ai compris que tu étais bonne. Ta bonté te rend mille fois plus belle que ta sœur. Oménée, c'est toi que j'aime.

Miticoosis roulait des yeux furieux. Elle était jalouse et honteuse.

Wakontas se tourna alors vers elle :

– J'ai compris aussi que ta méchanceté rendrait ton époux malheureux. C'est pourquoi, tu deviendras un tremble, cet arbre dont les feuilles bougent sans arrêt, comme ta langue.

Miticoosis sentit ses pieds qui s'enracinaient dans le sol, ses bras qui devenaient des branches, son corps qui se couvrait d'écorce. Elle ne parlait plus ; sa langue ne bougeait plus sans cesse comme avant… mais mille petites feuilles tremblaient au moindre souffle du vent.

Le bel Indien embrassa Oménée et la rassura :

– Ne crains rien. Je suis Wakontas, l'un des fils de Wakonda. Je prendrai soin de tes parents et tu pourras venir les voir quand tu le désireras.

Aussitôt, tous deux se transformèrent en colombes et ils s'envolèrent vers un pays merveilleux.

Le jeune homme, la Chance et l'Intelligence

Éthiopie

Un jour, la Chance et l'Intelligence décidèrent :

– Pour savoir qui est la meilleure amie de l'homme, nous allons en interroger un.

Elles aperçurent près d'une ferme, un beau jeune homme très pauvre qui bêchait la terre, et elles lui dirent :

– Nous sommes la Chance et l'Intelligence. Laquelle de nous deux est ta meilleure amie ?

– La Chance, répondit le jeune homme après avoir réfléchi.

Il reprit son travail. Soudain, sa pelle heurta quelque chose. C'était un coffre plein de pièces d'or ! Le jeune homme chargea le coffre sur son mulet et il se rendit en ville pour acheter des vêtements, des esclaves et des chevaux.

Le même jour, le roi du pays se promenait non loin de là. Quand le jeune homme le vit, il alla déposer le coffre à ses pieds.
Le roi pensa : « Ce beau jeune homme est sans doute un prince étranger qui veut épouser ma fille dont la beauté est connue dans le monde entier. »
Et il le conduisit jusqu'à son palais. Quelques jours plus tard, le mariage fut célébré.

Le roi avait fait décorer un château pour le jeune couple. En découvrant les tapis, les meubles et les décorations, le jeune homme, qui n'avait jamais vu autant de richesses, resta muet d'étonnement. Pas le moindre cri de joie ! Les serviteurs du roi coururent aussitôt prévenir leur maître.

– Il est sans doute déçu, dit le roi. Je vais lui faire construire un autre château, plus beau que le premier.

Comme la première fois, le jeune homme fut si surpris qu'il ne put prononcer un mot. Le roi crut que ce nouveau château déplaisait encore à son gendre.

Le roi fit ainsi construire six magnifiques châteaux, mais le jeune homme ne disait toujours rien.

Le roi finit par se mettre en colère et il décida :

– Je vais faire construire un septième palais et s'il ne convient pas à mon gendre, je le ferai tuer.

La Chance et l'Intelligence étaient au courant de toute cette histoire.

– Demain, on va tuer ton ami, dit l'Intelligence.

– Hélas, je ne peux rien faire pour lui, soupira la Chance. Mais toi, tu pourrais l'aider.

Elles allèrent trouver le jeune homme, et l'Intelligence lui souffla un conseil à l'oreille. Ainsi, le lendemain, le gendre du roi s'écria en visitant le septième palais :

– Voilà enfin un château digne de moi ! Remerciez le roi de ma part.

Peu de temps après, le roi voulut connaître les parents et la famille de son gendre. Il avait cherché dans de vieux livres, mais il n'avait trouvé aucun renseignement à leur sujet.

– Je t'ai donné ma fille en mariage, dit le roi. Demain, mes conseillers te poseront des questions sur ta famille et ton royaume. Si tu ne leur réponds pas correctement, je serai obligé de te tuer.

Le jeune homme s'éloigna tristement. Si le roi découvrait qu'il n'était qu'un paysan, il le ferait exécuter…

En chemin, le jeune homme croisa la Chance et l'Intelligence. Mais ni l'une ni l'autre ne pouvaient l'aider. Alors il s'allongea tristement et s'endormit.

Pendant la nuit, il rêva d'un homme qui lui répéta trois fois :
– Dis la Vérité ! Dis la Vérité ! Dis la Vérité !
Le lendemain, le jeune homme gagna le palais du roi. Là, il s'agenouilla et dit toute la vérité. Il parla de ses amies, la Chance et l'Intelligence.
Le vieux roi se réjouit car il avait horreur du mensonge. Il décida que le jeune homme lui succéderait et il fit inscrire ces mots sur les portes de la ville :
« Un homme qui a la Chance et l'Intelligence pour amies et qui aime la Vérité, est digne de régner sur le monde entier. »

Le pois chiche de Nikos

Grèce

Nikos vivait dans un petit village au cœur de la Grèce. Tous les habitants le surnommaient Nikos le fou.

Nikos ne connaissait que sa colline. C'est pourquoi un matin, il décida :

– Je pars courir ma chance dans le vaste monde.

Il prit son baluchon et se mit en route. Il sifflotait gaiement, quand il aperçut soudain un pois chiche sur le sentier. Oui, un petit pois chiche de rien du tout.

Il s'arrêta et réfléchit :

– Que faire de ce pois chiche ? Je vais le mettre en terre. Il en sortira une plante qui se multipliera et donnera un immense champ de pois chiches. Je deviendrai très riche.

Nikos mit le précieux pois chiche dans un mouchoir et il poursuivit sa route en calculant tout l'argent qu'il gagnerait.

Il s'imaginait déjà immensément riche alors qu'il n'avait dans la poche qu'un pois chiche de rien du tout.

– Il me faudra des bateaux pour vendre mes pois chiches dans le monde entier. Je serai terriblement riche.

Un jour, Nikos arriva dans un grand port et il annonça :

– Il me faut deux cents navires pour transporter ma marchandise qui se trouve de l'autre côté de la mer.

Il expliqua tant et si bien son affaire que Constantin, le propriétaire des bateaux, finit par le croire. Et Constantin raconta à tout le monde l'histoire de l'homme qui possédait une fortune grâce à ses pois chiches.

Le roi lui-même fut mis au courant ; il invita Nikos à dormir dans son palais. Il rêvait de marier sa fille qui parlait sans arrêt et se querellait avec tout le monde. Le roi proposa donc au jeune homme la main de sa fille.

Mais Nikos pensa :

« Si mon projet échouait, si mon petit pois chiche de rien du tout ne poussait pas, je n'aurais pas un sou en poche. Le roi s'en rendrait compte et il me ferait couper la tête… »

C'est pourquoi, Nikos répondit au roi :

– Majesté, je suis très flatté par votre proposition. Mais je préférerais que le mariage soit un peu retardé. Attendez mon

retour dans votre royaume et vous verrez que je ne vous ai pas menti et que je suis digne de devenir votre gendre.

Deux cents bateaux se trouvaient déjà dans le port. Nikos s'installa dans le plus beau d'entre eux et il confia le commandement de la flotte à un capitaine expérimenté. Puis il reprit ses calculs :

– Oui, je deviendrai riche, mais je ne sais pas encore où planter mon unique pois chiche… car je n'ai pas le moindre champ. Je pars chercher ma fortune de l'autre côté de la mer alors que je n'ai pas un sou…

Quand la flotte eut touché terre, Nikos rassembla les capitaines et leur dit :

– Restez à bord. Je vais aller chercher mon trésor, tout seul.

En fait, Nikos sauta sur la terre ferme et il alla se cacher dans d'épais buissons, bien décidé à ne plus se montrer. Il n'avait aucune envie d'avoir la tête coupée.

Les capitaines et les marins attendirent longtemps... puis ils perdirent patience et partirent à sa recherche. Soudain, ils découvrirent un gros barbu, armé d'un gourdin, qui montait la garde à l'entrée d'une grotte... Une grotte où brillait de l'or.

Le gros barbu grinça des dents et les marins reculèrent, inquiets. Ils heurtèrent Nikos, caché dans les buissons, et chuchotèrent :

– Votre trésor se trouve dans la grotte, mais pas moyen d'aller le chercher à cause du barbu qui se tient à l'entrée.

Nikos fut fort surpris, mais il déclara sans hésiter :
– Je le sais bien. C'est pourquoi je me suis caché ici. Si vous m'aidez à le récupérer, je ferai de vous des hommes riches.
Alors les marins se ruèrent sur le gros barbu, l'assommèrent avec son propre gourdin et transportèrent l'or sur les navires. Il y en avait tant que les deux cents cales furent remplies.
La flotte reprit ensuite la mer et regagna le port où le roi accueillit Nikos à bras ouverts. Le jeune homme épousa la princesse qui parlait sans arrêt et qui se querellait avec tout le monde, au grand soulagement du roi son père… mais Nikos le fou ne le savait pas.

Macaque, le petit singe voleur

Haïti

Macaque était un petit singe gourmand, terriblement gourmand. Tout le monde le connaissait et s'en méfiait. Macaque savait qu'il ne devait pas voler, car il risquait de se retrouver enfermé dans une cage. Oui, il le savait bien… mais il avait du mal à résister à la tentation, surtout quand il s'agissait de figues, de bananes ou de pistaches.

Ce jour-là, une femme du village faisait griller des pistaches et les mettait dans un plat. Quelle odeur délicieuse ! Macaque s'approcha sur la pointe des pattes et observa. La femme allait et venait, laissant la porte de la maison ouverte.

Macaque ne résista pas longtemps. Il attendit que la femme soit dans son jardin… Il bondit dans la maison, prit une poignée de pistaches et ressortit.

Le lendemain, le petit singe voleur fit la même chose. Hop ! Dans la maison ! Une poignée de pistaches grillées… et hop ! Dehors.

Évidemment, la femme comprit que quelqu'un volait ses pistaches et elle murmura :

– Je parie que c'est ce coquin de Macaque. Je vais lui donner une bonne leçon.

Elle prit une calebasse vide. Elle la remplit à moitié de pistaches grillées. Dans la partie supérieure de la calebasse se trouvait un trou, juste assez grand pour y glisser la main en serrant bien les doigts. La femme plaça donc la calebasse là où se trouvait le plat les jours précédents, puis elle alla dans le jardin.

Macaque n'était pas loin. Il entra dans la maison et se lécha les babines :

– Ah, ah ! Une calebasse remplie de pistaches grillées ! Un vrai régal !

Le petit singe voleur glissa la main dans le trou et saisit une bonne poignée de pistaches. Quand il voulut sortir sa main… impossible ! Il aurait dû lâcher les pistaches, bien sûr, mais il n'y pensait même pas. Il sautillait d'un côté, de l'autre, en essayant de sortir de la calebasse sa main pleine de pistaches. Et il répétait :

– Je suis pris au piège… Je suis pris au piège.

La femme revint du jardin. Elle tenait une longue corde au bout de laquelle elle avait fait un nœud coulant. Elle passa la corde autour de la taille de Macaque et elle entraîna le petit singe vers la place du village. Là, elle attacha l'autre extrémité de la corde à un gros arbre et tous les passants éclatèrent de rire :

– Regardez Macaque le voleur ! Pourquoi tient-il cette calebasse ?

– Je suis pris au piège, gémissait Macaque, qui refusait d'abandonner les pistaches. Je suis pris au piège.
Alors tous les enfants du village se mirent à tourner autour de l'arbre et du singe prisonnier, en chantant :

Petit Macaque est un voleur !
Que mangera-t-il, tout à l'heure ?
Un courant d'air ou une claque ?
Tant pis pour toi, petit Macaque !

Alors, le petit singe fit une horrible grimace et il lâcha la calebasse.

Poutri Telour

Indonésie

La petite princesse Poutri Telour était née d'un œuf. Elle s'était installée dans un arbre qui changeait de couleur : vert, puis brun, doré, puis bleu. Sous cet arbre coulait une fontaine. Celui qui se penchait au-dessus de l'eau s'y voyait tout entier.

Un jour, le roi passa par là. Il se regarda dans l'eau de la fontaine. Il ne vit pas sa propre image mais celle de la petite princesse Poutri Telour. Il voulut saisir la petite princesse par les cheveux, mais il ne retira que quelques gouttes d'eau.

Sur son arbre, Poutri Telour se mit à rire et chantonna :

– Drôle de roi qui pêche les poissons dans le ciel et les étoiles dans les rivières !

Le roi leva la tête et découvrit la petite princesse. Il en tomba follement amoureux et il la demanda en mariage.

– Je veux bien t'épouser, dit Poutri Telour, si tu organises une grande fête pour honorer les dieux. Tout d'abord, il te faut porter là-bas l'eau de cette fontaine.

Le roi regagna son palais pour y préparer la fête. Dans ce palais vivait Djadjabih, une esclave aussi bête que méchante. Le roi lui ordonna :

– Rapporte ici l'eau de la fontaine pour la grande cérémonie.

Djadjabih se rendit à la fontaine et se pencha au-dessus de l'eau. Elle aperçut un visage merveilleux. L'esclave grimaça et le visage lui sourit.

– Je suis vraiment charmante, s'extasia la stupide Djadjabih. Même quand je fais une grimace, ma bouche sourit.

Dans l'arbre, quelqu'un éclata de rire. L'esclave leva la tête et aperçut Poutri Telour. Folle de jalousie, Djadjabih tira la princesse par les cheveux et la fit tomber dans la fontaine. Puis l'esclave lui tint la tête sous l'eau jusqu'à ce qu'elle eût cessé de respirer. Après avoir apporté de l'eau au palais, elle enfila les habits de la petite princesse et tout son corps fut transformé. Elle était devenue aussi belle que Poutri Telour et elle s'installa dans l'arbre, à la place de la princesse qu'elle avait tuée.

Le roi ne se rendit compte de rien et il épousa l'esclave Djadjabih. Pendant ce temps, un rosier avait poussé au pied de la fontaine. Il n'avait qu'un seul bouton de rose, mais il sentait si bon que le roi ne pouvait dormir. Il alla couper le bouton de rose et le posa sur les cheveux de sa femme.

– Djadjabih est l'épouse du roi, chanta doucement le bouton.

La reine se réveilla en sursaut. Elle écrasa le bouton de rose et l'enterra dans le jardin. À cet endroit poussa une aubergine. Le lendemain, le roi cueillit l'aubergine et la donna à sa femme en disant :

– Fais préparer une ratatouille pour le souper.

Mais la vapeur souleva le couvercle de la marmite et chanta :

– Djadjabih est l'épouse du roi !

Effrayés, les domestiques s'enfuirent et la reine jeta le contenu de la marmite par la fenêtre. Dans le jardin sous la fenêtre poussa alors un magnifique manguier qui ne donna qu'un seul fruit.

Peu après, Roubiah, une vieille marchande de fleurs, s'assit au pied de l'arbre, et la mangue tomba dans l'un de ses bouquets. La marchande prit son couteau, se mit à peler le fruit… et il en sortit la petite princesse Poutri Telour.

À partir de ce jour, la princesse vécut chez Roubiah et l'aida à préparer de merveilleux bouquets de fleurs.

Le roi n'en avait jamais vu d'aussi beaux. Il voulut savoir qui les faisait et suivit discrètement la marchande de fleurs jusqu'à sa maison. Il se cacha dans un buisson et attendit. Une belle jeune fille apparut. Elle resplendissait comme un soleil, brillait comme une étoile et scintillait comme un arc-en-ciel. Elle cueillit quelques fleurs et en fit un bouquet. Le bouquet se changea en nuage et le nuage en oiseau blanc qui chanta doucement :

– Il était une fois une petite princesse qui était née d'un œuf… et une fausse reine qui était l'esclave Djadjabih…
Le roi regarda attentivement le visage de la jeune fille et il reconnut Poutri Telour, sa bien-aimée. Au même instant, un tremblement ébranla la terre et Djadjabih disparut à jamais dans une profonde crevasse.
C'est ainsi que la petite princesse Poutri Telour devint reine et noua des bouquets-oiseaux, des bouquets qui chantaient jour et nuit, jusqu'à l'infini.

Le bon et le méchant

Sénégal

Deux hommes s'en allaient chercher fortune. L'un était très bon, l'autre très méchant. Chacun portait un sac contenant de l'eau et de la nourriture.

En pleine forêt, ils rencontrèrent un homme épuisé.

– Auriez-vous quelque chose à boire et à manger ? demanda l'homme.

Le méchant haussa les épaules et s'éloigna. Mais le bon offrit à l'homme un peu d'eau et de nourriture.

– Merci, dit ce dernier. Que le chemin de Dieu guide tes pas !

Le bon poursuivit son chemin. Le soir venu, il s'allongea sous un arbre et s'endormit. Il ne savait pas que cet arbre était le lieu de la réunion annuelle des trois diables les plus savants du pays. Dans son rêve, le bon entendit un grand ronflement : les trois diables se posèrent sur les branches et commencèrent à parler.

– Les hommes sont bizarres, dit le premier. Ils connaissent leur

passé, mais jamais leur avenir. Par exemple, ils ne savent même pas comment guérir la fille du roi, qui est malade. Pour la soigner, il suffirait de préparer une tisane avec des feuilles de l'arbre qui se trouve au milieu de la grand-place. Cette tisane peut, en effet, éloigner toutes les maladies.

Les diables éclatèrent de rire et le second s'exclama :

– Les hommes ne sont pas intelligents ! Ils sont victimes de la sécheresse, alors que de l'eau bien fraîche coule dans le ravin entre ces deux arbres.

– Ils ne savent même pas que leurs ancêtres ont caché un trésor dans des calebasses ! ajouta le troisième. Ces calebasses sont enfouies sous la terre, à cet endroit-là !

Entre-temps, le bon s'était éveillé et il avait tout entendu. Quand les diables s'envolèrent, il attendit le lever du jour ; il courut jusqu'à la grand-place du village voisin et s'agenouilla.

– Que fais-tu donc ? s'étonnèrent les villageois.

– Je prie et j'écoute parler les animaux car je comprends leur langage, répondit le bon qui ne voulait surtout pas révéler ses secrets.

Surpris, les villageois allèrent prévenir le roi :

– Il y a un étranger qui prétend comprendre le langage des animaux.

– Ah, ah ! fit le roi. Amenez-le-moi !

Le bon salua le roi et raconta :

– J'ai entendu un cheval hennir. Il disait que la fille du roi était malade depuis longtemps. Il expliquait comment la guérir. Pour cela, tu dois interdire à quiconque de sortir entre le coucher et le lever du soleil.

Le roi accepta et ordonna à tous les villageois de rester enfermés dans les cases, la nuit suivante.

Au crépuscule, le bon grimpa à l'arbre, cueillit quelques feuilles et en fit une tisane. Il la donna à la fille du roi pour qu'elle en boive et qu'elle se lave. Le lendemain matin, la fille du roi était guérie !

Et le roi dit au bon :

– Les tam-tams vont résonner en ton honneur.

– Je guérirai désormais tous ceux qui seront malades, expliqua le bon qui connaissait les bienfaits de la tisane.

– Merveilleux, dit le roi. Désormais, tu seras mon conseiller et je te donne ma fille pour femme.

Quelques jours plus tard, un corbeau croassa et le bon confia au roi :

– Cet oiseau parle de calebasses cachées depuis très, très longtemps. Vous devriez interroger les plus anciens du village.

C'est ce que fit le roi et les vieillards répondirent :

– C'est vrai ! Nos ancêtres avaient rempli des calebasses avec de l'or et de l'argent, puis ils les avaient enterrées. Hélas, il y eut une grande épidémie. Presque tous les habitants du village moururent et personne ne connaît plus maintenant cette cachette.

– Suivez-moi ! dit le bon.

Il mena le roi et les villageois vers l'endroit indiqué par le troisième diable. Là, il tendit le bras et ordonna :

– Creusez ici !

Aussitôt, les hommes se mirent à creuser et ils finirent par découvrir les calebasses. Ils les ouvrirent : l'or et l'argent y étaient encore !

– Que les tam-tams résonnent ! s'écria le roi. Cet homme qui est mon conseiller et le mari de ma fille, sera également le chef de ce village.

– Nous sommes d'accord, approuvèrent les villageois.

Une semaine plus tard, un serpent siffla et le bon se tourna vers le roi :

– Cet animal parle du manque d'eau.

– C'est vrai, approuva le roi. Nous souffrons de la sécheresse.

– Je trouverai peut-être la solution, murmura le bon.

Il alla voir les jeunes villageois et leur demanda de le suivre jusqu'à un petit ravin.

– Creusez, là, entre les deux arbres ! leur dit-il.

Aussitôt, les jeunes villageois creusèrent et une eau fraîche jaillit du sol.

À partir de ce jour-là, le pays redevint prospère. Personne n'était plus malade. Il y avait de l'eau à volonté et des calebasses remplies d'or et d'argent.

Les gens venaient de loin rendre visite au bon et lui demander de les guérir. Un an plus tard, le méchant arriva au village ; il reconnut son ancien compagnon et le supplia :

– Aide-moi ! Raconte-moi comment tu as appris tous ces secrets.

Et le bon conseilla au méchant d'aller s'allonger au pied du grand arbre, là où il s'était endormi un an auparavant. Le méchant pensait déjà aux trésors qu'il pourrait garder pour lui tout seul...

Il courut jusqu'à l'arbre et s'allongea à l'ombre du feuillage. Au crépuscule, les trois diables arrivèrent et rugirent :

– Quelqu'un nous a entendus, l'année dernière. Quelqu'un a révélé nos secrets. Il y a peut-être un homme au pied de notre arbre...

Les diables sautèrent sur le sol et aperçurent le méchant :

– Le voilà ! crièrent-ils.

Le méchant put-il s'enfuir ? Nul ne le sait. Quant au bon, il vécut longtemps heureux.

La montagne du diable

Martinique

Autrefois, le diable vivait sur la terre. Ce monstre cornu courait le monde et passait ses journées à faire le mal.

Quand il devint très vieux, il décida d'arrêter de voyager et de se reposer. Il se trouvait justement à la Martinique.

Il marcha pendant quelques jours et découvrit une caverne au sommet d'une petite montagne couverte de forêts. Il se gratta le crâne et déclara :

– Voici ma maison ! Il ne me reste qu'à trouver une femme.

Le diable se dirigea vers un village, mais le monstre cornu était si laid et effrayant que toutes les jeunes filles se cachèrent.

– Je me vengerai ! gronda-t-il.

Le lendemain soir, il aperçut des jeunes gens et des jeunes filles qui se promenaient dans la forêt. Artémise, la fiancée de Jo, se trouva ainsi nez à nez avec le diable… qui l'emporta.

Pauvre Artémise ! Elle était perdue. Personne ne la reverrait jamais plus. Mais Jo n'était pas de cet avis. Il prit un gros gourdin et grimpa vers la caverne en disant :

– Je la sauverai.

De la fumée jaune qui sentait le soufre, s'échappait de la maison du diable. Jo se cacha dans un buisson et regarda. La caverne était gardée par trois démons poilus aux cornes pointues.

Le premier croquait des cailloux en grognant :

– Ah ! si je pouvais manger autre chose, j'aurais moins mal à l'estomac.

Le deuxième balayait les braises et les cendres d'un grand feu, avec le bout de sa queue, et il poussait des cris perçants :

– Aïe ! Ce n'est pas une vie de se brûler sans arrêt !

Le troisième remontait sans cesse d'un puits un seau plein d'eau bouillante. Après chaque voyage, il vidait l'eau dans un grand récipient en soupirant :

– Je n'en peux plus, je suis épuisé.

Jo réfléchit, puis il courut au village.

Il revint, portant un sac sur son dos. Avec courage, il s'approcha du premier démon en souriant.

– Recule ! rugit le mangeur de cailloux. Sinon, je te transforme en statue de pierre !
– Je vous ai apporté du pain, dit Jo. Ainsi, vous n'aurez plus mal à l'estomac.
Le premier démon prit le pain et se régala. Jo se dirigea vers le deuxième démon.
– Recule ! hurla le gardien du feu. Sinon, je te jette dans ces flammes.
– Je vous ai apporté un balai, dit Jo. Ainsi, vous ne vous brûlerez plus jamais la queue.
Le deuxième démon, tout heureux, prit le balai et commença à balayer les braises. Jo passa à côté du puits. Le troisième démon en sortait justement la tête et il cria :
– Recule ! Sinon, je t'envoie au fond de ce trou.
– Je vous ai apporté une corde, dit Jo. Attachez-la à l'anse de

votre seau. Ainsi, vous n'aurez plus besoin de monter et descendre dans ce puits, et vous serez moins fatigué.
Quand les trois démons ne prêtèrent plus attention à lui, le jeune homme pénétra sur la pointe des pieds dans la caverne. Dans un coin, Artémise tremblait de peur. Sur son lit de braises rouges, le diable ronflait bruyamment.
Jo fit signe à sa fiancée de le suivre, et tous deux sortirent de la caverne. Les trois démons étaient si occupés qu'ils ne les regardèrent même pas.
Peu après, le diable se réveilla et vit qu'Artémise s'était enfuie. Il se mit alors dans une terrible colère. De partout, on entendit gronder la montagne. De la fumée et des braises tourbillonnèrent au sommet.
Depuis ce temps-là, la montagne continue de fumer, mais personne n'a plus jamais vu le diable rôder dans la région. On raconte qu'il a entraîné ses trois démons en enfer et qu'ils s'y sont installés pour toujours.

L'horrible Bouma

Mélanésie

Trois frères vivaient dans un village, non loin d'un fleuve où nageaient des poissons.

Un matin, l'aîné prit son arc, ses flèches, et partit pêcher.

Zip ! La première flèche toucha un poisson. Le jeune pêcheur le plaça dans l'eau sous une pierre pour le garder vivant, mais l'empêcher de s'échapper. Il fit la même chose avec tous les poissons qu'il attrapa.

Zip ! La dernière flèche alla se planter dans la racine d'un arbre à pain. Sans hésiter, le jeune garçon grimpa à l'arbre et commença à cueillir des fruits. L'un d'eux tomba sur le toit d'une cabane, cachée sous le feuillage.

Une vieille femme en sortit. Un affreux liquide jaune s'écoulait de ses yeux. C'était l'horrible Bouma : la voleuse d'enfants !

– Qui touche à mon arbre à pain ? gronda-t-elle.

– Mes frères et moi, répondit le jeune garçon en tremblant.

– Appelle-les ! ordonna Bouma.

– Ohé, frères ! cria le jeune pêcheur, et tous les poissons répondirent en agitant la queue sous les pierres du fleuve.

Comme Bouma ne volait qu'un enfant à la fois, elle dit d'un air furieux :

– Vous pouvez cueillir les fruits.

Et elle rentra dans sa cabane.

Le jeune pêcheur prit des fruits. Il alla ensuite chercher les poissons, prisonniers sous les pierres.

De retour chez lui, il fit cuire sur le feu les fruits et les poissons, et il les mangea sans en donner à ses deux frères.

Le lendemain au lever du soleil, le deuxième frère prit son arc, ses flèches, et partit pêcher. Zip ! Il fit comme son frère aîné. Zip ! La dernière flèche se planta dans la racine de l'arbre à pain et le jeune garçon commença à cueillir des fruits.
– Qui touche à mon arbre ? gronda l'horrible Bouma.
– Mes frères et moi.
– Appelle-les ! ordonna la vieille femme.
– Ohé, frères ! cria le jeune pêcheur.
Tous les poissons répondirent en agitant la queue sous les pierres du fleuve, et Bouma furieuse rentra dans sa cabane. Le jeune garçon rapporta donc chez lui des fruits et des poissons, et il se régala sans en donner à ses deux frères.

Le troisième jour, le plus jeune des frères prit son arc, ses flèches, et partit pêcher. Zip, zip, zip ! Les flèches attrapèrent un poisson, puis deux, puis trois…
Le jeune pêcheur les tua et les attacha à une liane. Zip ! La dernière flèche atteignit une racine de l'arbre à pain.

Le jeune garçon leva les yeux et s'écria :

– Que de fruits ! Mes frères ne m'en ont même pas offert un.

Il grimpa à l'arbre et commença à en cueillir.

– Qui touche à mon arbre ? gronda l'horrible Bouma.

– Mes frères et moi.

– Appelle-les ! ordonna la vieille femme.

– Ohé, frères ! cria le jeune pêcheur.

Mais les poissons étaient morts et personne ne répondit. Bouma se frotta les mains :

– Petit menteur ! Je vais te manger. Par où vas-tu descendre de l'arbre ?

– Par ta cabane, dit le jeune garçon.

La vieille femme arracha le toit, les poutres et les murs de sa cabane qui s'écroula. Puis elle éclata d'un rire mauvais :

– Ah, ah, ah ! Impossible ! À présent, par où vas-tu descendre ?

– Par ce cocotier.

Bouma abattit tous les arbres qui se trouvaient autour de l'arbre à pain, et elle ricana :

– Impossible ! Par où vas-tu descendre maintenant ?

– Par ce porc ou par ce chien ! dit le jeune garçon.

La vieille femme tua ses deux animaux. Elle grinça des dents et s'amusa :

– Eh, eh, eh ! Impossible ! Par où vas-tu descendre ?

– Par ta jambe gauche ou ta main droite.

La vieille femme se coupa la jambe gauche et tomba par terre. Puis elle se coupa la main droite et roula de gros yeux, car le jeune pêcheur venait de sauter au pied de l'arbre à pain. Il prit son arc,

une flèche… et il tua l'horrible Bouma.
Enfin, il emporta les fruits, les poissons, et il rentra chez lui partager son dîner avec ses deux frères.
Depuis ce jour, les enfants du village n'ont plus rien à craindre de l'horrible Bouma, et les jeunes pêcheurs peuvent pêcher tranquillement.

L'oiseau Pivi

Nouvelle-Calédonie

À l'autre bout du monde se trouvait une île. À cette époque, les hommes étaient des oiseaux et les oiseaux étaient des hommes.

Pivi et Kabo étaient deux oiseaux. Le premier, tout petit, gazouillait sans cesse. Le deuxième était un gros corbeau.

Un jour qu'ils étaient au bord d'une rivière, ils fabriquèrent des frondes et s'amusèrent à lancer des pierres rondes. L'une d'elles atteignit une patte de Pivi et la cassa. Pauvre Pivi ! Il fut entraîné par le courant et finit par échouer aux pieds d'une jolie jeune femme.

– Oh ! Que t'est-il arrivé ? s'écria-t-elle.

– Kabo m'a cassé la patte, répondit Pivi.

– Veux-tu venir avec moi et faire tout ce que je te dirai ?

Pivi accepta. Peu après, il se retrouva couché sous une couverture, dans la cabane de la jeune femme.

– Surtout, ne bouge pas si la fourmi noire vient te chatouiller, dit-elle. Mais si c'est la grosse fourmi rouge, secoue-toi de toutes tes forces.

– Merci, dit Pivi. Je suivrai tes conseils.

Bientôt, la fourmi noire arriva, et Pivi ne bougea pas. Mais quand la grosse fourmi rouge trottina sur lui, Pivi se secoua de toutes ses forces. Il se leva et courut jusqu'à la rivière. Et là, que vit-il à la surface de l'eau ? Sa propre image ! Il était devenu un beau jeune homme.

Pivi n'en croyait pas ses yeux. Il alla remercier la jeune femme qui lui dit :

– Veux-tu encore m'obéir ?

– Je ferai tout ce que tu voudras, promit Pivi.

– Grimpe à ce cocotier en ne te servant que de tes jambes. Là-haut, tu trouveras une noix de coco. Cueille-la et descends-la-moi.

Pivi fit ce que la jeune femme lui avait demandé et il lui tendit la

noix de coco en souriant.

– Maintenant, va la poser dans la cabane, dit-elle. Tu iras la rechercher après le coucher du soleil.

Pivi obéit. À la tombée de la nuit, la noix de coco avait disparu. À sa place se trouvait une belle jeune fille.

– Voici ton épouse, dit la jeune femme. Es-tu heureux ?

– Oui, très heureux, répondit Pivi.

Les oiseaux et les habitants de l'île se réjouirent. Seul Kabo n'était pas content. Il finit par apprendre ce qui s'était passé en interrogeant Pivi et il s'exclama :

– Moi aussi, je voudrais devenir un homme jeune et beau, et me marier avec une belle jeune fille. Casse-moi la patte avec ta fronde.

– D'accord, dit Pivi.

Kabo se laissa donc entraîner par le courant de la rivière. Il s'échoua aux pieds de la jeune femme, mais il n'écouta pas ses recommandations. Quand la fourmi noire arriva, il se secoua et se retrouva avec une jambe tordue et le dos bossu. Quand il grimpa au cocotier, il se servit de ses mains et jeta la noix de coco du haut de l'arbre. La noix ne donna pas une jolie jeune fille, mais une méchante vieille femme.

La semaine suivante, Kabo vint trouver Pivi :

– Conduis-moi en canoë, car j'ai trouvé une huître géante.

Sans se méfier, Pivi sortit son canoë et emmena Kabo vers une petite baie. Il plongea dans l'eau claire, son javelot à la main. L'huître géante était bien là, sa coquille grande ouverte. « Quel festin pour tous mes amis », pensa Pivi.

Mais l'huître ouvrit encore plus grande son immense coquille et elle la referma sur Pivi. Assis dans le canoë, Kabo éclata de rire et il retourna chez lui. Il alla trouver la femme de Pivi pour lui proposer de l'épouser… Mais il sentit soudain une présence derrière lui.

Kabo se retourna et sursauta :

– Toi, Pivi ? Comment t'es-tu échappé ? Je te croyais mort… Du moins, je l'espérais !

Pivi n'était pas seul. Ses amis l'accompagnaient. Ils se jetèrent sur Kabo et l'abandonnèrent en pleine mer.

La jeune femme de la rivière avait tout vu. Elle s'approcha de Pivi et lui demanda :

– Comment t'es-tu échappé ? Personne n'est jamais sorti vivant de ce tombeau.

– J'ai chatouillé l'huître avec mon javelot, expliqua Pivi, jusqu'à ce qu'elle ouvre sa coquille en grand… et me voici !

La jeune femme se mit à rire. Quant à Pivi, il rejoignit sa belle épouse et tous deux vécurent longtemps heureux.

La belle Jasmina

Irak

Un puissant sultan épousa un jour la belle Jasmina, dont le père était un cheik, le chef d'un village. Elle s'en vint habiter au palais.

Au pied du palais coulait une rivière. Un pêcheur s'y installait chaque jour pour pêcher. Un matin, il attrapa une grande et vieille bouteille.

La belle Jasmina s'approcha de lui et dit :

– Vends-moi cette bouteille, pêcheur.

– Je vais te la donner. En échange, permets-moi d'embrasser le coin de ton voile.

Au même instant, le sultan arriva. Fou de jalousie, il transperça le pêcheur d'un coup d'épée et le jeta dans la rivière. Puis il se tourna vers sa femme :

– Va-t'en, toi qui t'amuses avec le premier venu !

La belle Jasmina prit sa bouteille et quitta le palais. Elle erra pendant deux jours et deux nuits. Au crépuscule, elle atteignit une ville inconnue et s'arrêta, épuisée et affamée, sur la place du marché.

Le lendemain, un marchand la découvrit et lui demanda :

– Que fais-tu là, belle dame ?

– Je suis étrangère. J'ai faim et soif… répondit Jasmina, désespérée. Le marchand ordonna aussitôt à son serviteur de conduire cette belle dame chez lui et de lui donner à manger et à boire. Le serviteur obéit, mais l'épouse du marchand n'était pas du même avis et elle enferma Jasmina dans le poulailler.

Alors celle-ci enleva le bouchon de la bouteille, espérant y trouver un peu d'eau. Hop ! il en sortit aussitôt une cuvette pour se laver les mains, une cruche d'eau et un plateau couvert de mets délicieux. Jasmina but et mangea de bon appétit. Puis, hop ! dix esclaves bondirent hors de la bouteille avec des castagnettes et se mirent à danser. Ensuite elles lancèrent aux pieds de Jasmina dix bourses pleines de pièces d'argent et retournèrent dans la bouteille où elles disparurent.

Quand le marchand découvrit la jeune femme dans le poulailler, il gronda son épouse, puis écouta les conseils de Jasmina :

– Prends ces pièces d'argent et fais-moi construire un palais plus beau que celui du sultan. Engage ensuite de nombreux serviteurs qui ne parlent pas l'arabe.

Trois mois plus tard, le palais était achevé. Jasmina acheta de somptueux vêtements et s'installa dans sa nouvelle demeure.

Pendant ce temps, le sultan était parti à sa recherche car il regrettait d'avoir chassé la femme qu'il aimait. Il voyagea longtemps et arriva enfin dans la ville où vivait Jasmina. Quand il aperçut le magnifique palais, il interrogea les serviteurs, mais ceux-ci ne comprenaient pas l'arabe.

Alors il frappa à la porte et une belle femme voilée l'accueillit :

– Sois le bienvenu chez moi, sultan ! Mange quelques fruits et bois un peu de café.

En disant ces mots, Jasmina déboucha sa bouteille ; dix esclaves en sortirent et se mirent à danser. Elles lancèrent dix bourses pleines de pièces d'argent aux pieds du sultan et retournèrent dans la bouteille où elles disparurent.

Le sultan interrogea Jasmina :

– Où as-tu acheté cette bouteille miraculeuse ?

– L'homme à qui elle appartenait me l'a donnée en échange d'un baiser sur le coin de mon voile, répondit Jasmina.

– Moi, je t'embrasserais volontiers dix fois si tu me la donnais ! s'écria le sultan.

– Tu embrasserais dix fois une femme étrangère alors que tu as tué un malheureux pêcheur qui n'a voulu m'embrasser qu'une seule fois ! s'exclama Jasmina en relevant son voile.

Fou de joie de revoir son épouse, le sultan la prit dans ses bras. Jasmina lui pardonna ce qu'il avait fait et tous deux vécurent longtemps heureux.

Vassilissa la belle

Russie

Il y a bien longtemps vivaient, en Russie, un marchand et sa femme. Ils avaient une fille, belle comme le jour, qui s'appelait Vassilissa.

Quand la petite fille eut huit ans, sa mère tomba gravement malade. Avant de mourir, elle lui remit une poupée et lui dit :

– Ma fille, je te bénis. Garde toujours cette poupée près de toi. Ne la montre à personne et parle-lui quand tu auras de la peine.

Quelque temps plus tard, le marchand se remaria avec une veuve qui avait deux filles de l'âge de la sienne. Hélas, cette femme et ses filles n'aimaient pas Vassilissa qui était beaucoup plus jolie qu'elles. Elles la frappaient et l'obligeaient à travailler sans arrêt pendant qu'elles se reposaient.

La petite fille acceptait tout sans dire un mot car sa poupée la consolait.

Quelques années passèrent ainsi. Vassilissa grandit et devint la plus belle jeune fille du pays.

Un soir d'hiver, en l'absence du marchand, la méchante mère

voulut se débarrasser de Vassilissa. Elle savait que la Baba-Yaga vivait au milieu de la forêt voisine. C'était une vieille sorcière qui habitait une chaumière montée sur pattes de poule. Une vieille sorcière qui ne laissait approcher personne et qui mangeait les hommes comme des poulets.

La méchante mère éteignit donc tous les feux de la maison et ordonna :

– Vassilissa, va dans la forêt chercher du feu chez la Baba-Yaga !

– Mais elle me mangera, protesta la jeune fille.

– Obéis ! gronda la marâtre. C'est la maison la plus proche et le temps presse !

Vassilissa monta à sa chambre, glissa la poupée dans sa poche, puis sortit dans l'obscurité. La poupée lui indiquait la route à suivre…

C'était une nuit sans lune. Le vent agitait les branches des arbres et la jeune fille tremblait de peur. Enfin, le jour commença à poindre et le soleil lentement se leva.

Vassilissa continua à marcher toute cette journée puis pendant une nuit et une journée entières.

Le deuxième soir, elle atteignit enfin la clairière où vivait la Baba-Yaga. Une palissade d'os et de crânes humains entourait la chaumière montée sur pattes de poule. Les yeux des crânes scintillaient dans le noir, éclairant le jardin et les environs.

Vassilissa s'approcha et frissonna. La serrure de la porte était une mâchoire d'homme, grande ouverte ! Elle aurait voulu s'enfuir, mais elle restait immobile, incapable de faire le moindre geste.

Bientôt, un bruit terrible se fit entendre : les arbres grondèrent, les feuilles sèches craquèrent et la vieille sorcière apparut. Elle renifla et demanda :

– Ça sent la chair humaine. Qui est là ?

– C'est moi, Vassilissa, grand-mère. Je suis venue chercher du feu.

– D'accord, fit la Baba-Yaga. Mais il faut que tu restes quelque temps à mon service. Si je ne suis pas contente de toi, je te mangerai.

Vassilissa accepta et prépara le repas de la sorcière. Avant de s'endormir, l'horrible femme grogna :

– Demain, tu nettoieras la cour, tu balayeras la maison, tu laveras le linge, tu trieras le blé ! Si tu ne fais pas exactement ce que je t'ordonne, je te dévorerai.

La Baba-Yaga se mit à ronfler et Vassilissa gémit en mangeant le peu de nourriture que la sorcière lui avait laissée.

– Ne t'inquiète pas, murmura la poupée. La nuit porte conseil.

À l'aube, la sorcière s'en alla dans la forêt. Vassilissa s'aperçut alors que la poupée avait travaillé sans arrêt pendant qu'elle dormait. Il ne restait plus qu'à préparer le repas de la sorcière.

À la tombée de la nuit, les yeux des crânes scintillèrent. Peu après, la Baba-Yaga rentra chez elle et fut bien déçue : le travail était terminé ; elle ne pouvait pas manger la jeune fille ! Elle engloutit de nombreux plats, donna des ordres pour le jour suivant, puis s'endormit.

Trois longues journées s'écoulèrent ainsi. Quand la Baba-Yaga rentrait à la tombée de la nuit, tout le travail était terminé grâce à la poupée.

Le troisième soir, la sorcière furieuse interrogea Vassilissa :

– Comment as-tu fait ? Tu n'as pourtant pas dix bras.

– Je suis aidée par la bénédiction de ma mère, répondit la jeune fille.

– Quelle horreur ! sursauta la Baba-Yaga. Hors de ma vue ! Hors d'ici !

En effet, comme toutes les sorcières, la Baba-Yaga détestait tout ce qui était béni. Elle donna donc à la jeune fille un crâne aux yeux de feu, planté sur un bâton, et elle la renvoya.

Guidée par la lumière du crâne, Vassilissa traversa la forêt en courant. Le deuxième soir, elle arriva enfin chez elle. La marâtre et ses deux filles s'écrièrent :

La montagne du diable . L'horrible Bouma . L'oiseau Pivi . Vassilissa la belle . Le poisson arc-en-ciel . Les rayures du tigre . La bague enchantée . Le bon et le méchant . La fiancée du crocodile . Wakontas . Le pois chiche de Nikos . Le poisson arc-en-ciel.

– Ah! voilà du feu ! Il était temps !
Mais les yeux du crâne lancèrent des éclairs dans leur direction…
Au matin, à la place des deux filles et de leur méchante mère, il ne restait plus que des cendres sur le sol.
En attendant le retour de son père, la jeune fille se mit à tisser. Elle obtint une toile merveilleuse et la poupée lui conseilla :
– Va de ce pas à la ville voisine. Offre cette toile au roi.
Sans hésiter, la jeune fille se rendit au palais. Quand le roi vit Vassilissa, il en tomba éperdument amoureux et l'épousa.

Quelle surprise pour le marchand à son retour de voyage ! Il fut accueilli au palais par le roi et la nouvelle reine.
Et la poupée ? Vassilissa ne s'en sépara jamais.

Le poisson arc-en-ciel

Nouvelles-Hébrides

Dans une île des mers du Sud, où les nuits sont longues et chaudes comme les jours, vivaient sept sœurs.

Elles habitaient dans une cabane et se partageaient le travail.

La plus jeune devait ramasser du bois et alimenter le feu. Un matin, elle déposa son fardeau et plongea dans la rivière. Là, elle aperçut un poisson extraordinaire : un poisson arc-en-ciel aux écailles multicolores.

Elle l'attrapa et le transporta jusqu'à un petit lac, à l'intérieur d'une grotte.

– Je t'appellerai Djulung-Djulung, dit la jeune fille. Tu seras mon ami et je t'apporterai à manger chaque jour.

Elle retourna chercher le bois et rentra chez elle. Sa sœur aînée avait fait cuire du riz. La jeune fille ne mangea que la moitié de sa part et elle porta l'autre moitié au poisson arc-en-ciel.

Ainsi, elle partagea chaque matin son repas. Djulung-Djulung grandissait et grossissait… et elle-même devenait chaque jour plus pâle et plus maigre.

Elle était si faible que ses sœurs finirent par s'en apercevoir et décidèrent :

– Nous devons découvrir ce qu'elle fait.

– Oui, suivons-la discrètement !

C'est ainsi que les six sœurs découvrirent Djulung-Djulung. Sans hésiter, elles pêchèrent le poisson arc-en-ciel, le firent cuire et le mangèrent sans en laisser un seul morceau à leur jeune sœur.

Le lendemain, la jeune fille se rendit à la grotte. Elle appela son ami le poisson, mais personne ne lui répondit. Elle rentra donc tristement chez elle et s'endormit au coin du feu.

Quelques jours plus tard, elle découvrit les arêtes de Djulung-Djulung, cachées sous les cendres. Elle les ramassa, courut les enterrer au bord du lac et elle murmura :

– Je voudrais que ces arêtes grandissent et deviennent un arbre immense dont les feuilles s'envoleraient vers une île lointaine, une île où un roi pourrait les ramasser.

La jeune fille chanta une dernière fois pour son ami et elle s'en alla.

Comme elle l'avait souhaité, l'arbre merveilleux poussa rapidement. C'était un arbre au tronc de fer, aux feuilles de soie, aux fleurs d'or et aux fruits de diamant.

Un soir, l'une des feuilles s'envola. Le vent l'emporta de l'autre côté de la mer et la déposa aux pieds du roi d'une île lointaine.

– Une feuille de soie ! s'étonna le roi. Je veux absolument découvrir l'arbre qui donne de telles feuilles.

Il partit aussitôt en voyage. La première île où il accosta était celle où vivait la jeune fille.

Le roi découvrit l'arbre et il interrogea un petit garçon qui passait par là :

– Quel est donc cet arbre ?

– Je ne sais pas, fit l'enfant. Mais les sept sœurs qui habitent là-bas, dans cette cabane, pourront peut-être vous répondre.

– Va les chercher, dit le roi.

Le petit garçon obéit et il revint bientôt avec les six aînées.

– Quel est cet arbre ? demanda le roi.

– Nous ne l'avons jamais vu.

– Vous êtes, paraît-il, sept sœurs. Où est la septième ?

– Elle travaille, expliqua l'aînée.

– Je désire lui parler, dit le roi.

Peu après, la plus jeune sœur arriva. À son approche, l'arbre merveilleux se pencha pour la saluer. La jeune fille cueillit des fleurs d'or et des fruits de diamant, et elle les offrit au roi qui s'écria :

– Celle qui possède un tel pouvoir doit devenir la femme du plus grand des rois !

Et le roi emmena la jeune fille avec lui, dans son île lointaine, où tous deux vécurent longtemps heureux.

Quant à l'arbre, personne ne put jamais cueillir ni ses fleurs, ni ses fruits. Chaque année, quelques feuilles de soie s'envolaient en souvenir de la jeune fille et de son ami Djulung-Djulung.

Les rayures du tigre

Viêt Nam

C'était il y a fort longtemps, quand les hommes et les animaux parlaient le même langage, et que la robe du tigre était toute jaune... Un soir, le buffle sortait de la rivière où il venait de prendre un bain, quand il aperçut monseigneur le tigre.

– Puis-je t'accompagner ? demanda le fauve.

Le buffle n'osa pas refuser et tous deux s'éloignèrent.

– On ne te voit pas souvent dans la forêt, ronronna le tigre. Tu vis donc toujours avec ce petit animal qu'on appelle l'homme ? Tu travailles pour lui ?

– Oui, approuva le buffle.

Le tigre éclata d'un rire féroce :

– Ah, ah ! Incroyable ! L'homme est petit, lent, ridicule. Il n'a ni crocs ni griffes. Pourquoi l'acceptes-tu comme maître ?

Le buffle réfléchit et répondit :

– Peut-être à cause de son intelligence.

– Intelli... quoi ? sursauta le tigre.

– Intelligence, répéta le buffle. C'est le trésor de l'homme, grâce auquel il commande à de nombreux animaux.
– Oh ! s'écria le tigre. Si je possédais cette intelligence, tout le monde m'obéirait… Je deviendrais le maître du monde.
Le tigre se tourna de nouveau vers le buffle :
– Crois-tu que l'homme me vendrait un peu de son trésor ?
Le buffle hocha la tête : peut-être, peut-être pas… et le tigre partit sur la pointe des pattes.

Le lendemain matin, quand le buffle se rendit au champ avec son maître, le tigre était déjà là. Il souriait de toutes ses dents pointues et salua le paysan :

– N'aie pas peur, petit homme ! Je ne te veux aucun mal. Je veux acheter ton trésor, nommé intelligence. Si tu refuses, je mangerai ton buffle, car j'ai le ventre vide.

Le buffle baissa la tête, tremblant sur ses pattes. Comme il regrettait d'avoir bavardé la veille avec le tigre !

Le paysan regarda le tigre et s'exclama :

– Merci, monseigneur, de me rendre visite. Quel honneur ! Vous voulez acheter mon intelligence ? Pas question, monseigneur. Je vais vous l'offrir.

Le tigre ronronnait de plaisir : on le saluait comme le roi en personne et on lui proposait un trésor ! La journée s'annonçait bien. Elle se terminerait par un festin : il croquerait l'homme et le buffle, dès qu'il aurait obtenu ce qu'il voulait.

Ses deux yeux verts brillaient de plaisir et il ordonna :

– Donne-moi tout de suite ton intelligence, petit homme !

– Je la laisse toujours à la maison car elle est très fragile, répondit le paysan rusé. Avant d'aller vous la chercher, je voudrais vous poser une question.

– Je t'écoute, dit le tigre.

Le paysan montra son buffle du doigt :

– Allez-vous manger mon buffle en mon absence ?

– Je te jure que je n'y toucherai pas, promit le tigre qui commençait à s'impatienter.

– Hélas, la faim fait parfois perdre la mémoire, hésita le paysan. Si vous me laissiez vous attacher à un arbre, j'irais sans crainte chercher mon trésor.

Le tigre finit par accepter et il se laissa attacher solidement à un tronc d'arbre. Le paysan courut chez lui et rapporta un charbon ardent. Il le passa sur le corps du tigre et la belle fourrure jaune s'enflamma.

– Au secours ! hurla le tigre. Ça brûle !

– C'est l'intelligence qui en est la cause, se moqua le paysan en faisant demi-tour et il entraîna son buffle qui riait comme un fou. Ah, ah ! Le tigre, la terreur de la jungle, brûlait avec l'arbre auquel il s'était laissé attacher… C'était à mourir de rire !

Le tigre se débattit et il finit par s'enfuir en hurlant dans la forêt. Mais il eut beau se baigner mille et une fois, il ne put jamais effacer les rayures sombres que les cordes brûlantes avaient laissées sur sa fourrure.

Depuis ce jour, les tigres ont une fourrure jaune rayée de noir, et les hommes et les animaux ne parlent plus le même langage.

. La bague enchantée . Les cygnes sauvages . La fiancée du crocodile . Le pois chiche de Nikos . Macaque, le petit singe voleur . Vassilissa la belle . Le jeune homme, la Chance et l'Intelligence .

Table

La bague enchantée *Algérie* 9
Illustré par Bertrand Bataille

Les cygnes sauvages *Danemark* 17
Illustré par Irène Schoch

La fiancée du crocodile *Cote-d'Ivoire* 27
Illustré par Bertrand Bataille

Wakontas *Etats-Unis* 33
Illustré par Aline Bureau

Le jeune homme, la Chance et l'Intelligence 39
Illustré par Bertrand Bataille *Ethiopie*

Le pois chiche de Nikos *Grèce* 47
Illustré par Irène Schoch

Macaque, le petit singe voleur *Haïti* 55
Illustré par Laura Bour

Poutri Telour *Indonésie* 61
Illustré par Elene Usdin

La bague enchantée . Les cygnes sauvages . La fiancée du crocodile . Wakontas . Le pois chiche de Nikos . Macaque, le petit singe voleur . Poutri Telour . Vassilissa la belle . La belle Jasmina

Le bon et le méchant — Senegal — 69
Illustré par Bertrand Bataille

La montagne du diable — Martinique — 77
Illustré par Jean-Marc Denglos

L'horrible Bouma — Mélanésie — 83
Illustré par Pierre Bailly

L'oiseau Pivi — Nouvelle Calédonie — 91
Illustré par Bertrand Bataille

La belle Jasmina — Irak — 97
Illustré par Elene Usdin

Vassilissa la belle — Russie — 103
Illustré par Céline Bour

Le poisson arc-en-ciel — Nouvelles-Hébrides — 111
Illustré par Bertrand Bataille

Les rayures du tigre — Viet Nam — 117
Illustré par Elene Usdin